RÉPUBLIQUE FRANÇAISE

MINISTÈRE DE LA GUERRE

DÉCRET PORTANT RÉORGANISATION

DE

L'ÉCOLE D'APPLICATION

DE L'ARTILLERIE ET DU GÉNIE

(Du 13 Juillet 1903)

PARIS

Henri CHARLES-LAVAUZELLE

Éditeur militaire

10, Rue Danton, Boulevard Saint-Germain, 118

(MÊME MAISON A LIMOGES)

RÉPUBLIQUE FRANÇAISE.

MINISTÈRE DE LA GUERRE.

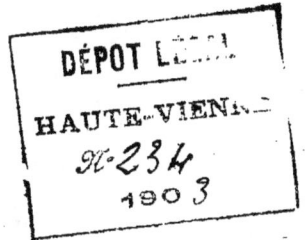

DÉCRET PORTANT RÉORGANISATION

DE

L'ÉCOLE D'APPLICATION

DE L'ARTILLERIE ET DU GÉNIE.

Paris, le 13 juillet 1903.

Le Président de la République française,

Vu la loi du 25 juillet 1893, relative à la constitution des cadres et des effectifs de l'armée ;

Vu le décret du 3 janvier 1903, portant règlement sur l'administration et la comptabilité des écoles militaires ;

Vu le décret du 17 août 1897, portant réorganisation de l'École d'application de l'artillerie et du génie, modifié par le décret du 10 mars 1903 ;

Vu le décret du 17 juin 1902, relatif à l'emploi des élèves de l'École polytechnique classés, à leur sortie, dans l'arme de l'artillerie, de l'artillerie coloniale ou du génie ;

Sur le rapport du Ministre de la guerre,

Décrète :

TITRE Iᵉʳ.

INSTITUTION DE L'ECOLE.

Art. 1ᵉʳ. Les élèves de l'Ecole polytechnique jugés aptes à leur sortie de ladite école, à servir dans l'une des armes de l'artillerie métropolitaine, de l'artillerie coloniale ou du génie, accomplissent tout d'abord une année de service dans un régiment en qualité de sous-lieutenant.

Ils accomplissent ensuite, dans ce grade ou dans celui de lieutenant, un stage à l'Ecole d'application de l'artillerie et du génie, instituée pour leur donner l'instruction technique nécessaire ainsi qu'un complément d'instruction militaire et équestre.

L'Ecole d'application reçoit également un certain nombre de lieutenants ou jeunes capitaines de l'artillerie, de l'artillerie coloniale et du génie qui viennent y suivre un *cours technique* leur permettant d'acquérir le complément de connaissances nécessaires au service des établissements ou des états-majors particuliers.

Les officiers de la première catégorie ci-dessus dénommés officiers élèves; ceux de la seconde catégorie sont groupés en deux divisions dites « divisions techniques » de l'artillerie et du génie.

TITRE II.

PERSONNEL DE L'ECOLE.

§ 1. — *Etat-major.*

Art. 2. L'état-major est constitué ainsi qu'il suit :

Un général de brigade, commandant l'Ecole, ayant à sa disposition un capitaine d'artillerie ou du génie ;

Un colonel commandant en second, directeur des études ;

Un chef d'escadron d'artillerie, chargé de l'instruction militaire des officiers élèves de son arme ;

Un chef d'escadron d'artillerie coloniale, chargé de l'instruction militaire des officiers élèves de son arme ;

Un chef de bataillon du génie, chargé de l'instruction militaire des officiers élèves de son arme ;

Un officier supérieur, directeur du cours technique de l'artillerie ;

Un officier supérieur, directeur du cours technique du génie ;

Un chef d'escadron ou capitaine en 1er d'artillerie, instructeur d'équitation ;

Des capitaines d'artillerie, Des capitaines d'artillerie coloniale, Des capitaines du génie, Instructeurs des officiers élèves de leur arme, A raison d'un capitaine par groupe ou fraction de groupe de 25 officiers élèves ;

Un capitaine d'artillerie, directeur du parc, relevant directement du chef d'escadron d'artillerie, instructeur militaire ;

Des capitaines ou lieutenants d'artillerie, instructeurs adjoints d'équitation, à raison d'un capitaine ou lieutenant par 50 officiers élèves, plus un spécialement affecté au dressage; celui-ci chargé, en outre, du commandement du petit état-major ;

Un médecin principal de 2ᵉ classe ;

Un médecin-major de 2ᵉ. classe ;

Un vétérinaire en 1ᵉʳ ;

Un vétérinaire en 2ᵉ.

L'instructeur et les instructeurs adjoints d'équitation doivent avoir suivi les cours de l'Ecole d'application de cavalerie.

Art. 3. Le général commandant l'Ecole est nommé par décision présidentielle sur la proposition du Ministre de la guerre.

Il est choisi alternativement parmi les généraux de brigade provenant des colonels de l'artillerie ou du génie, de manière que chacune des deux armes concoure également au commandement de l'Ecole.

Le commandant en second est choisi dans l'arme de laquelle ne provient pas le commandant de l'Ecole.

La durée du commandement attribué à chaque arme ne peut dépasser quatre ans.

Quand le commandant de l'Ecole passe d'une arme à l'autre, la mutation du commandant en second s'ensuit et s'effectue dans les six mois qui précèdent le changement ou qui le suivent.

Art. 4. Qu'ils aient ou non changé de grade, les officiers supérieurs, les capitaines et les lieutenants attachés à l'état-major de l'Ecole ne peuvent conserver leurs fonctions pendant plus de quatre ans.

Le général commandant l'Ecole signale chaque année, au 1ᵉʳ août, au Ministre, les officiers de l'état-major qu'il y a lieu de remplacer l'année suivante.

Art. 5. L'Ecole d'application est placée sous la direction immédiate du Ministre de la guerre. Toutefois, le commandant du corps d'armée exerce une surveillance permanente sur cet établissement et transmet ses observations au Ministre.

L'autorité du général commandant l'Ecole s'étend sur toutes les parties du service, de l'instruction et de l'administration.

Il correspond directement avec le Ministre, sauf pour les affaires de personnel et de discipline générale.

Le commandant en second est chargé, sous l'autorité du

général, de la direction des études, de l'instruction militaire et généralement de tous les détails du service de l'Ecole.

Le général absent ou empêché est remplacé par le commandant en second, et, à son défaut, par l'officier présent de l'Ecole le plus ancien dans le grade le plus élevé (professeur ou état-major).

§ 2. — *Personnel militaire de l'enseignement.*

Art. 6. Le personnel militaire de l'enseignement comprend :

1° Les professeurs titulaires ci-après :

Un professeur du cours d'artillerie ;
Un professeur du cours de fortification ;
Un professeur du cours de sciences appliquées aux machines et aux arts militaires ;
Un professeur du cours de construction ;
Un professeur du cours d'art militaire ;
Un professeur du cours de topographie ;
Un professeur du cours de langue allemande.

2° Pour chaque cours, des professeurs adjoints dont le nombre est déterminé par le Ministre d'après les besoins du service sur la proposition motivée des conseils de l'Ecole.

Un des professeurs adjoints d'artillerie est chargé de l'enseignement de la topographie aux officiers élèves de l'artillerie.

Un des professeurs adjoints d'art militaire est spécialement affecté à l'enseignement de la géographie.

L'enseignement des divisions techniques est assuré pour chaque arme, sous la direction de l'officier supérieur directeur, par les professeurs ou professeurs adjoints des cours d'artillerie, de sciences appliquées, de fortification et de construction.

Art. 7. Les professeurs et professeurs adjoints sont nommés par le Ministre.

Le professeur et les professeurs adjoints du cours de langue allemande sont choisis à la suite d'un concours entre les officiers de toutes armes.

Si le concours ne donne pas de résultats satisfaisants, ils peuvent être désignés d'office par le Ministre ou pris dans l'élément civil.

Les autres professeurs ou professeurs adjoints sont choisis parmi les officiers d'artillerie ou du génie en activité de service.

En principe, les professeurs d'artillerie, de sciences appliquées et d'art militaire sont des officiers d'artillerie; les professeurs de fortification, de construction et de topographie, des officiers du génie.

Le titulaire du cours d'art militaire est, autant que possible, un officier breveté.

Art. 8. Les dispositions de l'article 4 (§ 1er) sont applicables aux officiers qui font partie du personnel militaire de l'enseignement.

§ 3. — *Personnel civil de l'enseignement et de l'administration.*

Art. 9. Le personnel comprend :

Un administrateur. . . ..\
Un trésorier. . . ..⟩ ayant appartenu com-\
Un comptable du matériel d'é-⟨ me officiers à l'arme\
cole. . . .. de l'artillerie ou du\
Un bibliothécaire . . . .⟩ génie ;

Un adjoint au bibliothécaire ;

Un dessinateur, chef du bureau des dessinateurs et de l'atelier de lithographie ;

Un préparateur du cours de sciences appliquées et de photographie ;

Un mécanicien ;

Des commis d'administration et des dessinateurs, dont le nombre est déterminé par le Ministre sur la proposition du conseil d'administration.

Le personnel civil est nommé par le Ministre.

§ 4. — *Personnel militaire d'administration.*

Art. 10. Le personnel militaire d'administration comprend :

Un officier d'administration du service de l'artillerie, comptable du matériel d'artillerie.

§ 5. — *Agents secondaires.*

Art. 11. Le Ministre détermine, sur la proposition du conseil d'administration, le nombre des agents secondaires (gardiens, garçons et hommes de peine).

Ces agents sont nommés par le Ministre et répartis par les soins du conseil d'administration, sur la proposition de l'administrateur, suivant les besoins du service.

La répartition de ce personnel est inscrite, chaque année, au registre des délibérations du conseil.

Une infirmière (assimilée à un garçon) et une aide sont attachées à l'infirmerie de l'Ecole.

§ 6. — *Petit état-major.*

Art. 12. Le petit état-major forme une unité administrative commandée par un des capitaines ou lieutenants d'artillerie adjoints à l'instructeur d'équitation.

Il est composé comme il suit :

Deux adjudants de manège ;

Un adjudant maître d'escrime ;

Des maréchaux des logis chefs garde-consignes, à raison de deux par casernement indépendant d'officiers élèves ;

Un maréchal des logis chef mécanicien ;

Un chef artificier ;

Des maréchaux des logis de manège, à raison d'un par 50 chevaux environ ;

Des maréchaux des logis maîtres adjoints ou prévôts d'escrime, à raison d'un par groupe de 50 officiers élèves et par fraction de groupe supérieur à 25 ;

Un maréchal des logis premier maître maréchal ferrant et des brigadiers maîtres maréchaux ferrants, de manière à avoir un abonnataire par 150 chevaux environ ;

Un sous-officier ou brigadier secrétaire de l'administrateur ;

Un maréchal des logis ou brigadier fourrier comptable du petit état-major ;

Un sergent infirmier et deux infirmiers ;

Deux ouvriers en fer ;

Deux ouvriers en bois ;

Des soldats aides-maréchaux ferrants, à raison de deux par 150 chevaux.

Le personnel du petit état-major porte la tenue de l'Ecole.

TITRE III.

CONSEILS.

Art. 13. Il est établi à l'Ecole :

1° Un conseil supérieur ;

2° Un conseil d'instruction ;

3° Un conseil d'administration.

§ 1er. — *Conseil supérieur.*

Art. 14. Le conseil supérieur est composé ainsi qu'il suit :

Le général commandant l'Ecole, *président ;*

Le colonel commandant en second, *vice-président ;*

Un colonel d'artillerie.. . . . .) *Membres*
Un colonel d'artillerie coloniale. . . . . } *amovibles ;*
Un colonel du génie. . . . .)
L'officier supérieur directeur du cours technique. de l'artillerie ;
L'officier supérieur directeur du cours technique du génie ;
Le chef d'escadron d'artillerie, le chef d'escadron d'artillerie coloniale et le chef de bataillon du génie, chargés de l'instruction militaire de leur arme ;
Deux professeurs militaires de l'Ecole (un de)
chaque arme) . . . . (*Membres*
Un capitaine instructeur secrétaire (avec voix (*amovibles.*
consultative). . . . .)
Le conseil se réunit sur la convocation du général commandant l'Ecole. Les décisions sont prises à la majorité des voix. La voix du président est prépondérante en cas de partage.

Art. 15. Tous les ans, le 1er septembre, le conseil est renouvelé dans sa partie amovible. A cet effet, le 1er août, le général commandant l'Ecole présente au Ministre une liste nominative et par ancienneté des professeurs et capitaines instructeurs aptes à faire partie du conseil, sur laquelle il indique son ordre de préférence.

Les mêmes membres peuvent être nommés à nouveau.

Art. 16. Le général commandant l'Ecole pourvoit au remplacement provisoire des membres du conseil placés sous ses ordres par des officiers de même arme et, au besoin, il signale au Ministre les vacances qui viendraient à se produire parmi les membres étrangers au personnel de l'Ecole.

Le conseil peut délibérer malgré l'absence accidentelle de l'un ou de plusieurs des membres étrangers à l'Ecole, mais cette absence doit être mentionnée au procès-verbal de la séance.

Art. 17. Les officiers de l'état-major et les professeurs qui ne font pas partie du conseil peuvent y être appelés, ainsi que les professeurs adjoints, par le président, avec voix consultative.

Art. 18. Le conseil supérieur est chargé :
De proposer au Ministre les diminutions ou les augmentations qu'il peut y avoir lieu d'apporter au nombre des professeurs adjoints de chaque cours.
De proposer les tableaux de l'emploi du temps et les modifications qu'il serait jugé convenable d'y apporter.
De proposer pour les règlements relatifs aux études, à l'instruction militaire ou à la discipline et pour les cours ou les programmes, toutes les modifications qui paraîtraient nécessaires.

D'arrêter, à la fin de l'année, conformément aux règlements ministériels, la classement des officiers élèves.

De signaler au Ministre ceux d'entre eux qui se sont fait remarquer par leur négligence ou insuffisance dans leurs travaux et par leur mauvaise conduite.

Art. 19. Les délibérations du conseil, qui ne comportent que des dispositions relatives au service courant, peuvent être mises à exécution sur l'ordre qu'en donne le général commandant l'Ecole; les autres propositions ne peuvent avoir leur effet que lorsqu'elles ont été approuvées par le Ministre.

Art. 20. A la fin des cours, le conseil entend la lecture d'un rapport du commandant en second sur les progrès de l'instruction et sur l'état des travaux exécutés par les officiers élèves et par les officiers des divisions techniques.

Ce rapport est transmis au Ministre avec les observations du conseil.

§ 2. — Conseil d'instruction.

Art. 21. Le conseil d'instruction est composé comme il suit :

Le colonel commandant en second, président ;

L'officier supérieur, directeur de la division technique de l'artillerie ;

L'officier supérieur, directeur de la division technique du génie ;

Le chef d'escadron d'artillerie, le chef d'escadron d'artillerie coloniale et le chef de bataillon du génie, de l'état-major de l'Ecole, chargés de l'instruction militaire de leur arme ;

L'instructeur d'équitation ;

Les professeurs militaires ;

Un capitaine instructeur d'artillerie, } désignés par le général
Un capitaine instructeur du génie, } commandant l'école.

Tous les membres ont voix délibérative. Le professeur d'allemand, s'il est civil, peut être convoqué avec voix consultative, s'il s'agit de questions relatives à son service.

Les décisions sont prises à la majorité des voix. En cas de partage égal de voix, la voix du président est prépondérante.

Art. 22. Le conseil, ainsi constitué, est chargé d'étudier les questions intéressant l'instruction, qui sont soumises à son examen par le général commandant l'Ecole.

De proposer les modifications qui pourraient être apportées aux coefficients d'importance des différents cours.

De proposer pour l'établissement du budget annuel l'état des impressions, acquisitions et constructions des modèles nécessaires à l'instruction.

Art. 23. Les procès-verbaux des séances du conseil supérieur et du conseil d'instruction sont transcrits sur des registres conservés dans les archives de l'Ecole, ceux du conseil supérieur sont adressés au Ministre.

§ 3. — *Conseil d'administration.*

Art. 24. La composition et les attributions du conseil d'administration sont déterminées par les règlements sur l'administration et la comptabilité des écoles militaires.

TITRE IV.

ADMISSION ET CLASSEMENT DES OFFICIERS.

§ 1er. — *Officiers élèves.*

Art. 25. Les officiers élèves arrivent à l'Ecole d'application après un an de séjour au régiment : ils y restent pendant douze mois, y compris un congé de fin de cours.

Pendant leur séjour à l'Ecole, leur ancienneté de grade reste fixée par la date du décret de nomination à la sortie de l'Ecole polytechnique. Ils prennent rang entre eux d'après le numéro de mérite qu'ils ont obtenu au classement de sortie de cette dernière Ecole.

Art. 26. Le Ministre fait parvenir, chaque année, au général commandant l'Ecole d'application, l'état nominatif des officiers devant suivre l'enseignement de l'Ecole et fixe l'époque à laquelle ils doivent y être rendus.

Les dossiers du personnel de ces officiers sont envoyés au général, directement par les chefs de corps.

Ces dossiers doivent contenir, pour les officiers élèves, une appréciation d'ensemble sur les aptitudes militaires de l'officier, son zèle, et sur les résultats obtenus pendant son séjour au corps; cette appréciation, résumée en une note numérique de 0 à 20, est comptée dans le classement final avec un coefficient d'importance, qui est déterminé par le règlement sur le service intérieur de l'Ecole.

L'appréciation d'ensemble et la note numérique ci-dessus sont données par le général d'artillerie ou du génie duquel dépend le corps d'où vient l'officier.

Les officiers élèves n'amènent à l'Ecole ni cheval ni ordonnance.

§ 2. — *Officiers des divisions techniques.*

Art. 27. Les officiers de chaque division technique sont désignés tous les ans par le Ministre, d'après les propositions établies par les chefs hiérarchiques et régulièrement transmises.

Les conditions d'ancienneté à remplir par les officiers proposés sont fixées chaque année par le Ministre.

TITRE V.

TENUE. — POLICE. — DISCIPLINE.

Art. 28. La tenue de tous les officiers attachés à l'Ecole, des officiers élèves ou des officiers des divisions techniques, est celle de leur arme : les officiers élèves et les officiers des divisions d'instruction continuent à porter le numéro de leur corps d'affection.

Art. 29. Les officiers élèves et les officiers des divisions techniques doivent se conformer aux règles de discipline spéciales à l'Ecole.

Art. 30. Le Ministre de la guerre arrête les règlements de détail relatifs à la police et à la discipline de l'Ecole.

Art. 31. Le soin de veiller, dans l'intérieur de l'établissement comme à l'extérieur, à la stricte et constante exécution des règlements militaires et des dispositions particulières à l'Ecole, est également confié à tous les officiers attachés à l'Ecole.

TITRE VI.

INSTRUCTION.

Art. 32. L'instruction donnée à l'Ecole d'application comprend :

1° Pour les officiers élèves de l'artillerie et de l'artillerie coloniale et pour ceux du génie :

a) Un enseignement portant sur les connaissances militaires générales et sur les connaissances techniques nécessaires à chaque arme ;

b) Une instruction militaire pratique et une instruction équestre permettant de compléter les notions reçues au régiment.

L'enseignement est donné séparément aux officiers élèves de l'artillerie et de l'artillerie coloniale d'une part, et aux officiers élèves du génie d'autre part, sauf pour le cours d'art militaire qui peut être commun ;

2° Pour les officiers des divisions techniques, une instruction théorique et pratique les rendant aptes aux services techniques de leur arme.

L'enseignement des divisions techniques comporte, en principe, une période de cours et une période d'études pratiques dans les établissements.

Des règlements ministériels en déterminent le fonctionnement de détail.

Art. 33. Les différents programmes d'instruction sont arrêtés par le Ministre.

TITRE VII.

EXAMENS ET CLASSEMENT.

§ 1er. — *Examens et classement des officiers élèves.*

Art. 34. Les officiers élèves passent, à la fin de chaque cours, un examen devant le professeur titulaire du cours. L'époque de cet examen est fixée à l'avance par le tableau général d'emploi du temps approuvé par le Ministre.

Art. 35. Les questions sont posées d'après un programme arrêté par le Ministre.

Art. 36. Des questionnaires divisés en titres et sous-titres sont établis pour chaque cours. Les officiers élèves tirent au sort les numéros des titres sur lesquels ils seront interrogés.

Art. 37 En fin d'année, les officiers élèves subissent des examens d'instruction militaire pratique devant un jury composé d'un général de division, président; d'un général de brigade et de trois officiers supérieurs, membres. Les jurys sont distincts pour les officiers élèves de l'artillerie et de l'artillerie coloniale d'une part, et pour les officiers élèves du génie, de l'autre. Pour les officiers élèves de l'artillerie coloniale, l'un des membres du jury de l'artillerie est remplacé par un officier supérieur d'artillerie coloniale.

Ces examens servent à apprécier les connaissances données aux officiers élèves au cours de leur année d'études par les leçons professées à l'amphithéâtre et par les exercices d'application. Leur organisation est déterminée par le règlement sur le service intérieur de l'Ecole.

Art. 38. A la suite des examens, chaque jury établit un rapport constatant les résultats obtenus et formulant à ce sujet toutes observations utiles.

Ces rapports sont adressés au Ministre (3e Direction, 1er Bureau) par chacun des officiers généraux présidents des deux jurys.

Art. 39. Après le dernier examen, le classement de sortie est arrêté par le conseil supérieur de l'Ecole, conformément aux prescriptions d'un règlement ministériel fixant la valeur relative des divers éléments qui doivent entrer dans ledit classement.

Ce classement règle définitivement l'ordre d'admission des officiers élèves dans les divers services.

Art. 40. Les officiers élèves qui, pour une cause quelconque, n'auront pas suivi les cours de l'Ecole en même temps que leurs camarades, seront promus lieutenants après deux ans d'exercice de leur grade de sous-lieutenant, conformément à la loi du 26 mars 1891, mais ils seront classés après eux par ordre d'ancienneté.

Ces officiers suivront un cours avec le grade de lieutenant; ils passeront les examens de ce cours et les notes obtenues figureront à leur dossier personnel.

Les officiers élèves qui, par suite de mauvais vouloir, ne satisferont pas aux examens ou qui auront une mauvaise conduite, seront mis en non-activité par suspension d'emploi pendant une année à l'expiration de laquelle ils seront admis à suivre une nouvelle année de cours dans les conditions des officiers qui, pour une cause quelconque, n'ont pas suivi les cours avec leur promotion.

A la fin de cette deuxième année de cours, l'officier qui n'aura pas encore satisfait aux examens pourra être proposé pour être mis en non-activité par retrait d'emploi.

Art. 41. Dans aucun cas, un officier élève ne peut rester à l'Ecole plus de deux années.

Art. 42. Le conseil supérieur constate ses opérations par un procès-verbal qui est adressé par le général commandant l'Ecole au Ministre de la guerre.

§ 2. — *Travaux des officiers des divisions techniques.*
Obtention du certificat.

Art. 43. Les travaux des officiers des divisions techniques sont examinés et notés soit par les professeurs, soit, s'il y a lieu, par les directeurs des établissements dans lesquels ils sont détachés.

En fin de cours, une commission composée, pour chaque division, du général commandant l'Ecole, du directeur et des professeurs du cours technique, examine les éléments d'appréciation recueillis sur chaque officier de la division; chacun d'eux reçoit, s'il y a lieu, un certificat d'aptitude aux services techniques de son arme comportant une des mentions : « Très bien », « Bien », « Assez bien » ou « Passable ».

Les notes détaillées de chaque officier, avec indication des aptitudes spéciales constatées, sont adressées au Ministre par le général commandant l'Ecole d'application; elles sont portées à la connaissance des chefs de corps intéressés.

TITRE VIII.

DISPOSITIONS DIVERSES.

Art. 44. Un détachement d'artillerie et un détachement du génie sont mis en permanence à la disposition du général commandant pour le service de l'Ecole et l'instruction des officiers élèves.

La composition de ces détachements est fixée par le Ministre.

Les troupes de l'artillerie et du train des équipages militaires en garnison à Fontainebleau peuvent, en outre, être mises, à titre de complément, à la disposition du général commandant l'Ecole pour les manœuvres des officiers élèves dans la mesure fixée par le Ministre.

Art. 45. Le commandant d'armes fait fournir, par les troupes de la garnison, le personnel de complément qui peut être exceptionnellement nécessaire pour les travaux et exercices de l'Ecole.

Art. 46. Les programmes des cours et les instructions sur les différents travaux sont distribués gratuitement aux officiers attachés à l'Ecole et aux officiers élèves, ainsi qu'aux officiers des divisions techniques, en ce qui concerne leur enseignement spécial.

Art. 47. Chaque professeur doit, avec le concours des professeurs-adjoints, faire ou revoir la rédaction du cours dont il est chargé; le général commandant l'Ecole fixe le délai dans lequel le travail doit lui être remis. La rédaction des cours est examinée dans le détail par le colonel commandant en second qui veille en particulier à ce qu'il n'y soit introduit aucun développement qui n'ait pas été traité à la leçon orale : la rédaction est ensuite soumise au général commandant l'Ecole.

Ces cours peuvent être lithographiés ou imprimés pour les besoins de l'instruction, par les soins et au compte de l'Ecole; mais ils ne peuvent être livrés au commerce qu'avec l'autorisation du Ministre.

Ils sont délivrés à titre gratuit aux officiers examinateurs et cédés à titre onéreux à tous les officiers qui en font la demande.

Art. 48. Le Ministre de la guerre peut autoriser, sur leur demande, les officiers de l'artillerie, de l'artillerie coloniale ou du génie provenant des sous-officiers, à suivre l'enseignement des officiers élèves. Un règlement particulier détermine les conditions de cette autorisation.

Art. 49. Toutes les dispositions contraires au présent décret sont et demeurent abrogées.

Art. 50. Le Ministre de la guerre est chargé de l'exécution du présent décret.

Paris, le 13 juillet 1903.

EMILE LOUBET.

Par le Président de la République:

Le Ministre de la guerre,
Général L. ANDRÉ.

Paris et Limoges. — Imprimerie militaire Henri CHARLES-LAVAUZELLE.

www.ingramcontent.com/pod-product-compliance
Lightning Source LLC
Chambersburg PA
CBHW060718280326
41933CB00012B/2478